ALPHABET

BUFFON DES ENFANTS

QUADRUPÈDES.

PARIS

F.d F. ARDANT FRÈRES, LIBRAIRES,
25, quai des Augustins.

ALPHABET

BUFFON DES ENFANTS

QUADRUPÈDES

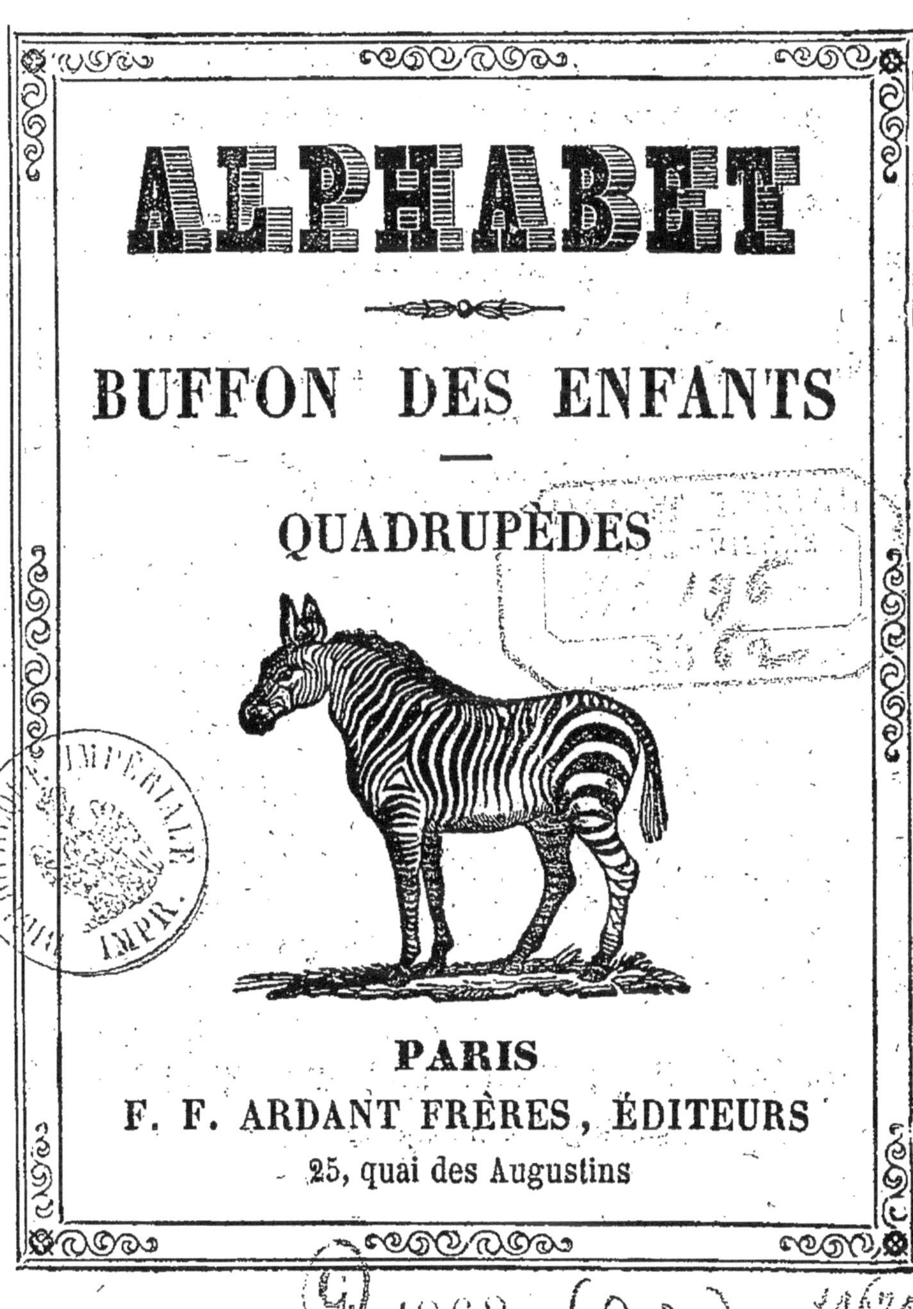

PARIS

F. F. ARDANT FRÈRES, ÉDITEURS

25, quai des Augustins

Le Chien du Saint-Bernard.

A B C
D E F G
H I J K
L M N O

— 4 —

PQRS

TUVX

YZW

ÆOE

A a b c d e f g h i
j k l m n o p q r s t
u v x y z.

Voyelles.

a e i o u y.

Consonnes.

b c d f g h j k l m n
p q r s t v x z.

Lettres doubles.

fi ff ffi fl ffl w.

Chiffres.

1 2 3 4 5 6 7 8 9 0.

SYLLABES.

Ba be bi bo bu

Ca ce ci co cu

Da de di do du

Fa fe fi fo fu

Ga ge gi go gu

Ha he hi ho hu

Ja je ji jo ju

La le li lo lu

Ma me mi mo mu
Na ne ni no nu
Pa pe pi po pu
Qua que qui quo quu
Ra re ri ro ru
Sa se si so su
Ta te ti to tu
Va ve vi vo vu
Xa xe xi xo xu
Za ze zi zo zu

L'ANE.

Cet animal est d'une grande utilité à la campagne et au moulin. Il est assez fort pour porter des fardeaux considérables : il mange peu, et n'est pas délicat sur la qualité de la nourriture.

Malgré son utilité, l'âne est un objet de mépris, parce qu'il est lent, indocile et têtu.

LE BŒUF.

Le bœuf vigoureux laboure la terre ; il travaille beaucoup ; son pas est lent, mais très sûr. Sa patience et sa docilité sont à toute épreuve. Sa chair est succulente et son cuir est estimé. C'est peut-être de tous les animaux celui qui est le plus utile à l'homme.

Cet animal est d'une telle grosseur, qu'il pèse quelquefois de huit cents à mille kilogrammes.

LE CHEVAL.

Ce fier et fougueux animal partage avec l'homme les fatigues de la guerre et la gloire des combats. Il partage aussi ses plaisirs : à la chasse, à la course, il brille, il étincelle. Docile autant que courageux, il ne se laisse point emporter à son feu ; il ne se refuse à rien, sert de toutes ses forces, s'excède, et meurt pour mieux obéir.

LE CHIEN.

Sans avoir, comme l'homme, la lumière et la pensée, le Chien a toute la chaleur du sentiment et toute la pureté des affections. Plus sensible au souvenir des bienfaits qu'à celui des outrages, il ne se rebute pas par les mauvais traitements; et, loin de s'irriter ou de fuir, il s'expose lui-même à de nouvelles épreuves pour désarmer, par la patience, la main qui vient de le frapper.

L'ÉLÉPHANT.

L'Eléphant surpasse en grosseur tous les
quadrupèdes connus. Sa tête est monstrueu-
se, ses oreilles sont longues , larges et
épaisses. Son nez, qu'on appelle trompe,
est une espèce de tuyau flexible en tous
les sens et assez long pour toucher à terre.
Avec le rebord de cette trompe il peut sai-
sir les choses les plus petites, dénouer les
cordes et déboucher une bouteille.

LE LION.

Le Lion est le plus fort et le plus ter-
rible des animaux. Une rude et longue cri-
nière, qui devient plus belle avec l'âge,
ombrage sa tête et son cou. Il a les jambes
courtes et osseuses, les pieds gros et larges. Sa
queue, longue d'environ quatre pieds, est
extrêmement souple. L'animal s'en sert
pour terrasser et briser l'ennemi qu'il veut
étreindre.

LE MOUTON.

La viande du mouton nous nourrit :
a laine est très chaude et nous habille
n hiver. Cet animal est d'un naturel
oux et timide ; le moindre bruit l'effraie.
ans le péril, il ne cherche point à se dé-
ndre, mais à fuir.

Mais cet animal si chétif en lui-même
st pour l'homme l'animal le plus précieux,
elui dont l'utilité est la plus immédiate
t la plus étendue.

L'OURS.

Cet animal a les oreilles courtes, la peau épaisse et le poil fort touffu. Ses jambes et ses bras charnus comme ceux de l'homme. Il frappe, comme l'homme, avec ses poings ; mais cette ressemblance grossière ne sert qu'à le rendre plus difforme. En automne, il est excessivement gras ; mais comme il se recèle pendant la saison la plus rigoureuse, il est fort maigre à la fin de l'hiver.

LE TIGRE.

Le Tigre n'est pas aussi fort que le Lion, mais il est plus à craindre parce qu'il est plus féroce. Qu'il soit rassasié ou à jeun, il n'épargne aucun animal, et ne quitte une proie que pour en égorger une autre et se plonger de nouveau la tête dans le sang. Son rugissement est sourd et comme engouffré. On peut s'en faire une idée par le grondement du chat lorsqu'il tient sa proie.

Limoges. — Typ. F. F. Ardant frères.

La Girafe.

La Panthère.

Limoges. — Imp. F. F. Ardant frères.